Impressum
Verlag: BABADADA GmbH, Nedderfeld 112 , 22529 Hamburg
Geschäftsführer / Verlagsleitung: Harald Hof
Druck: Books on Demand GmbH, In de Tarpen 42, 22848 Norderstedt

Imprint
Publisher: BABADADA GmbH, Nedderfeld 112 , 22529 Hamburg, Germany
Managing Director / Publishing direction: Harald Hof
Print: Books on Demand GmbH, In de Tarpen 42, 22848 Norderstedt

école
դպրոց

salle de classe
մատյան

diviser
բաժանել

186/2

tableau noir
գրատախտակ

cour (de récréation)
խաղադաշտ

professeur
ուսուցիչ

papier
թուղթ

écrire
գրել

stylo
գրիչ

bureau
գրասեղան

règle
քանոն

livre
գիրք

élève
աշակերտ

cartable

պայուսակ

trousse

գրչատուփ

crayon

մատիտ

taille-crayon

մատիտի սրիչ

gomme

ռետին

carnet à dessin

նկարչական ալբոմ

dessin

նկարչություն

pinceau

վրձին

boîte de peinture

ներկերի տուփ

ciseaux

մկրատ

colle

սոսինձ

cahier d'exercices

տետր

devoirs

Տնային աշխատանք

chiffre

թիվ

additionner

գումարել

soustraire

հանել

multiplier

բազմապատկել

calculer

հաշվել

lettre

տառ

alphabet

այբուբեն

mot

բառ

école - դպրոց

3

texte

տեքստ

lire

կարդալ

craie

կավիճ

leçon

դաս

livre de classe

մատյան

examen

քննություն

certificat

վկայական

uniforme scolaire

դպրոցական համազգեստ

formation

կրթություն

lexique

հանրագիտարան

université

համալսարան

microscope

մանրադիտակ

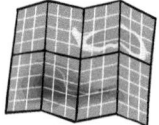

carte

քարտեզ

corbeille à papier

աղբարկղ

hôtel
հյուրանոց

Grand

auberge
հանրակացարա
ն

ROOMS

bureau de change
փոխանակման կետ

ECHANGE

valise
ճամպրուկ

voiture
ավտոմեքենա

langue

լեզու

oui / non

այո / ոչ

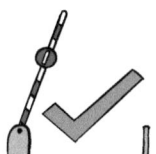

d'accord

Լավ

Salut

ողջույն

interprète

թարգմանիչ

merci

Շնորհակալություն

Combien coûte...?

Որքա՞ն է ...?

Je ne comprends pas

Ես չեմ հասկանում

problème

խնդիր

Bonsoir !

Բարի երեկո

Bonjour !

Բարի լույս

Bonne nuit !

Բարի երեկո

Au revoir

ցտեսություն

direction

ուղղություն

bagages

ուղղեբեռ

sac

պայուսակ

sac-à-dos

մեջքի պայուսակ

hôte

հյուր

pièce

սենյակ

sac de couchage

քնապարկ

tente

վրան

office de tourisme

Զբոսաշրջության տեղեկատվական

plage

լողափ

carte de crédit

ԿՐԵԴԻՏ քարտ

petit-déjeuner

նախաճաշ

déjeuner

լանչ

dîner

ճաշ

billet

տոմս

ascenseur

վերելակ

timbre

կնիք

frontière

սահման

douane

մաքսային

ambassade

դեսպանություն

visa

Մուտքի արտոնագիր

passeport

անձնագիր

voyage - ճանապարհորդություն

transport

Փոխադրամիջոցներ

avion
ինքնաթիռ
navire
նավ
véhicule de pompiers
հրշեջ մեքենա
bus
ավտոբուս
camion
բեռնատար մեքենա
bateau à moteur
մոտորանավակ
bicyclette
հեծանիվ
voiture
ավտոմեքենա

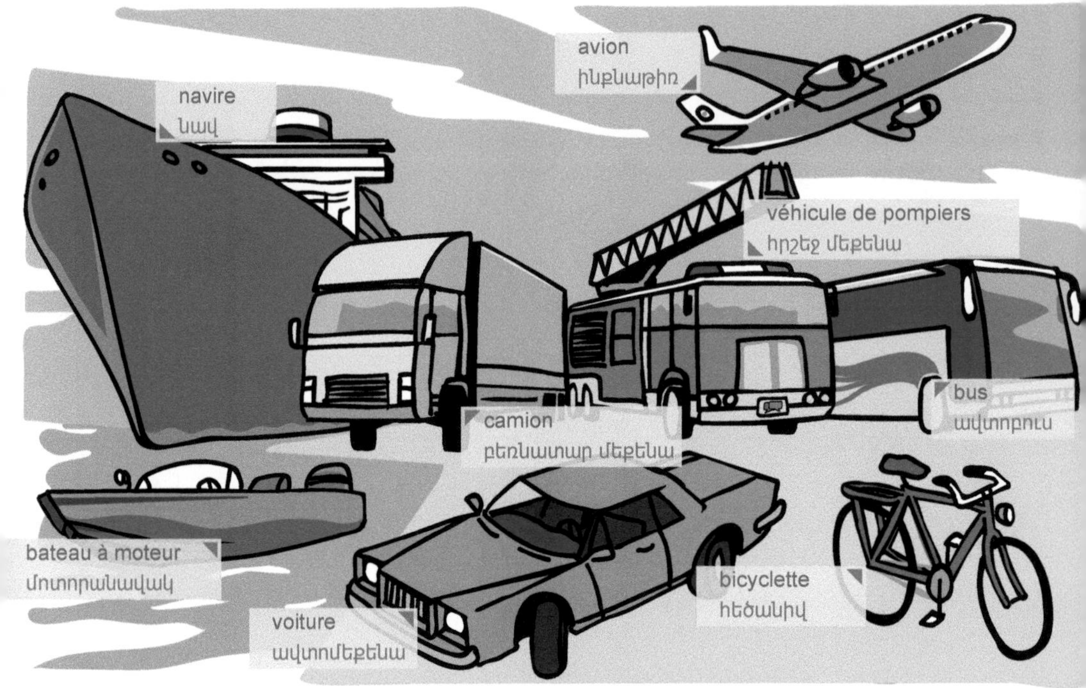

ferry

լաստանավ

barque

նավակ

moto

մոտոցիկլ

voiture de police

ոստիկանության մեքենա

voiture de course

մրցարշավային մեքենա

voiture de location

վարձակալվող մեքենա

auto-partage

մեքենայի վարձակալում

voiture de remorquage

էվակուատոր

benne à ordures

աղբահանության մեքենա

moteur

շարժիչ

essence

վառելիք

station d'essence

բենզալցակայան

panneau indicateur

երթևեկության նշան

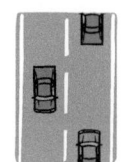

trafic

երթևեկություն

embouteillage

խցանում

parking

ավտոկանգառ

gare

երկաթուղային կայարան

rails

երկաթուղագիծ

train

գնացք

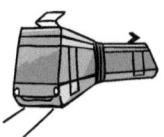

tramway

տրամվայ

wagon

վագոն

hélicoptère

ուղղաթիռ

aéroport

օդանավակայան

tour

աշտարակ

passager

ուղեւոր

conteneur

աման

carton

խավաքարտ

chariot

սայլ

corbeille

զամբյուղ

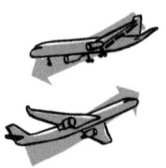

décoller / atterrir

հանեք / հողատարածք

ville

քաղաք

village

գյուղ

centre-ville

քաղաքի կենտրոնում

maison

տուն

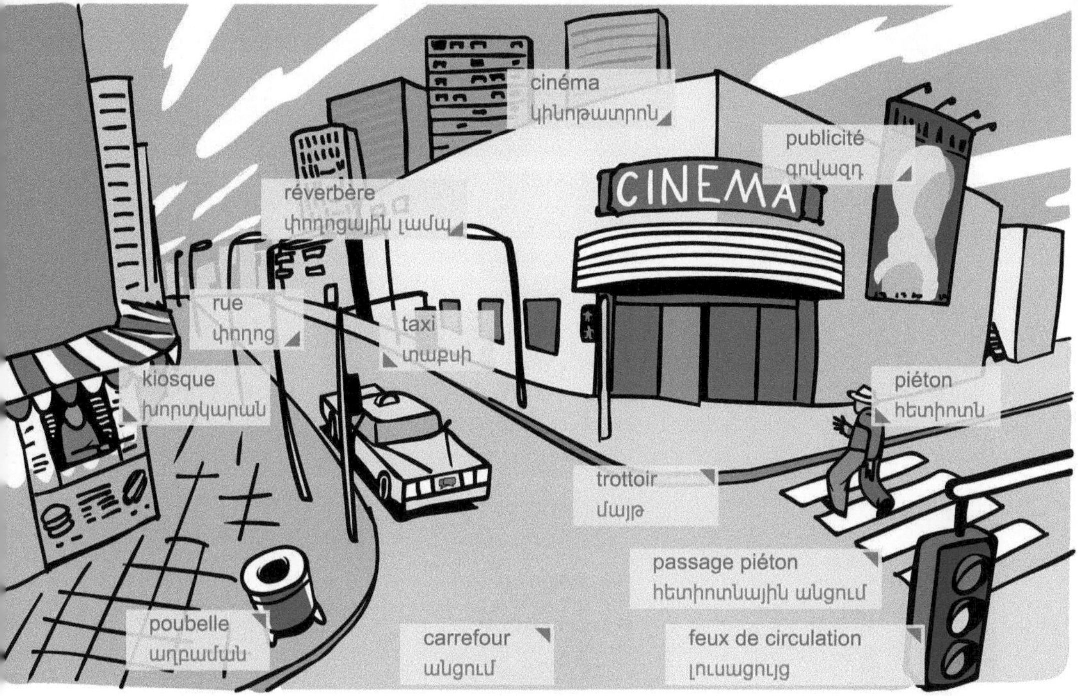

cinéma
կինոթատրոն

publicité
գովազդ

réverbère
փողոցային լամպ

CINEMA

rue
փողոց

taxi
տաքսի

piéton
հետիոտն

kiosque
խորտկարան

trottoir
մայթ

passage piéton
հետիոտնային անցում

poubelle
աղբաման

carrefour
անցում

feux de circulation
լուսացույց

cabane

խրճիթ

appartement

բնակարան

gare

երկաթուղային կայարան

mairie

քաղաքապետարան

musée

թանգարան

école

դպրոց

université

համալսարան

banque

բանկ

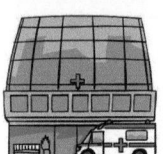

hôpital

հիվանդանոց

hôtel

հյուրանոց

pharmacie

դեղատուն

bureau

գրասենյակ

librairie

գրքույկ խանութ

magasin

խանութ

fleuriste

ծաղկի խանութ

supermarché

սուպերմարկետ

marché

շուկա

grand magasin

հանրախանութ

poissonnerie

ձկան խանութ

centre commercial

առևտրի կենտրոն

port

նավահանգիստ

parc
....
զբոսայգի

banque
....
բանկերը

pont
....
կամուրջ

escaliers
....
աստիճաններ

métro
....
մետրո

tunnel
....
թունել

arrêt de bus
....
ավտոբուսի կանգառ

bar
....
բար

restaurant
....
ռեստորան

boîte à lettres
....
փոստարկղ

panneau indicateur
....
փողոցային նշան

parcmètre
....
ավտոկայանման հաշվիչ

zoo
....
կենդանաբանական այգի

piscine
....
լողավազան

mosquée
....
մզկիթ

ferme

ֆերմա

pollution

աղտոտման

cimetière

գերեզմանոց

église

եկեղեցի

aire de jeux

խաղահրապարակ

temple

տաճար

paysage
բնապատկեր

feuille
ֆեղկ

panneau indicateur
ուղղության նշան

chemin
ճանապարհ

pré
մարգագետին

pierre
քար

arbre
ծառ

randonneur
արշավականներ

rivière
գետ

herbe
խոտ

fleur
ծաղիկ

vallée

հովիտ

montagne

բլուր

lac

լիճ

forêt

անտառ

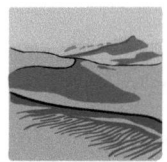

désert

անապատ

volcan

հրաբուխ

château

ամրոց

arc-en-ciel

ծիածան

champignon

սունկ

palmier

արմավենու ծառ

moustique

մժեղ

mouche

թռչել

fourmis

մրջյուն

abeille

մեղու

araignée

սարդ

coléoptère

բզեզ

grenouille

գորտ

écureuil

սկյուռ

hérisson

ոզնի

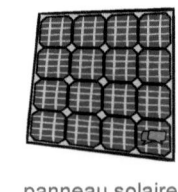

lièvre

նապաստակ

chouette

բու

oiseau

թռչուն

cygne

կարապ

sanglier

վարազ

cerf

եղջերու

élan

իշայծյամ

barrage

պատնեշ

éolienne

քամին տուրբինների

panneau solaire

արեւային վահանակ

climat

կլիմա

restaurant

ռեստորան

serveur
մատուցող
menu
մենյու
chaise
աթոռ
soupe
ապուր
pizza
պիցցա
couverts
սպասք
nappe
սփռոց

hors d'œuvre
ստարտեր

plat principal
հիմնական կերակուր

dessert
դեսերտ

boissons
օրական

alimentation
սնունդ

bouteille
շիշ

fast-food

արագ սնունդ

plats à emporter

streetfood

théière

թեյնիկ

sucrier

շաքարաման

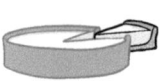

portion

բաժին

machine à expresso

էսպրեսսո մեքենա

chaise haute

մանկական աթոռ

facture

օրինագիծ

plateau

սկուտեղ

couteau

դանակ

fourchette

պատառաքաղ

cuillère

գդալ

cuillère à thé

թեյի գդալ

serviette

անձեռոցիկ

verre

ապակի

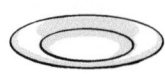

assiette

ափսե

assiette à soupe

խոր ափսե

soucoupe

պնակ

sauce

սոուս

salière

աղաման

moulin à poivre

պղպեղի աղաց

vinaigre

քացախ

huile

ձեթ

épices

համեմունքներ

ketchup

կետչուպ

moutarde

մանանեխ

mayonnaise

մայոնեզ

supermarché

սուպերմարկետ

offre promotionnelle
հատուկ առաջարկ
FOR
client
հաճախորդ
produits laitiers
Dairy
fruits
միրգ
chariot
գնումների սայլակ

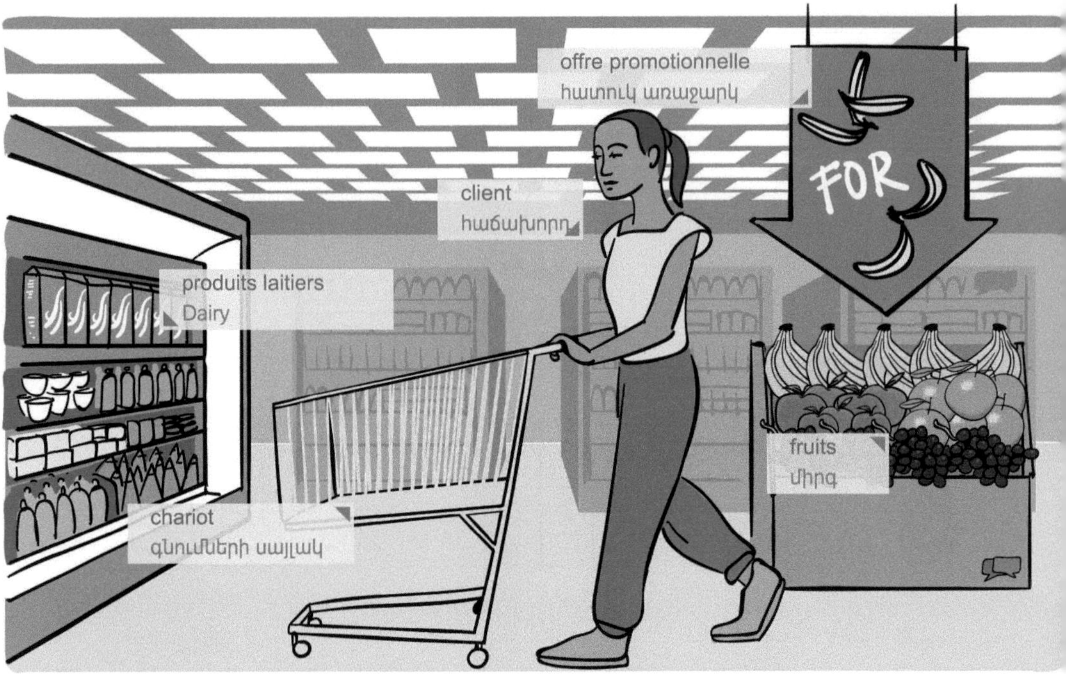

boucherie

մսամթերքի խանութ

boulangerie

հացամթերքի խանութ

peser

կշռել

légumes

բանջարեղեն

viande

միս

aliments surgelés

սառեցված սննդամթերքի

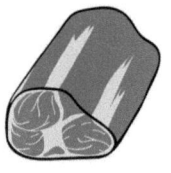

charcuterie

երշիկեղեն

conserves

պահածոների

poudre à lessive

լվացքի փոշի

bonbons

քաղցրավենիք

articles ménagers

տնտեսական ապրանքներ

détergents

մաքրող միջոցներ

vendeuse

վաճառող

caisse

դրամարկղ

caissier

գանձապահ

liste d'achats

գնումների ցուցակ

heures d'ouverture

ժամերը

portefeuille

դրամապանակ

carte de crédit

ԿՐԵԴԻՏ քարտ

sac

պայուսակ

sac en plastique

պլաստիկ տոպրակ

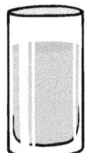

boissons

օրական

eau

ջուր

jus de fruit

հյութ

lait

կաթ

coca

կոլա

vin

գինի

bière

գարեջուր

alcool

սպիրտ

chocolat chaud

կակաո

thé

թեյ

café

սուրճ

expresso

էսպրեսսո

cappuccino

կապուչինո

banane

բանան

pomme

խնձոր

orange

նարնջի

melon

սեխ

citron

կիտրոն

carotte

գազար

ail

սխտոր

bambou

բամբուկ

oignon

սոխ

champignon

սունկ

noisettes

ընկուզեղեն

pâtes

արիշտա

spaghetti

սպագետտի

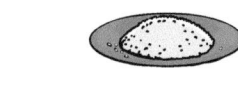

riz

բրինձ

salade

աղցան

pommes frites

չիպս

pommes de terre rôties

տապակած կարտոֆիլ

pizza

պիցցա

hamburger

համբուրգեր

sandwich

սենդվիչ

escalope

կոտլետ

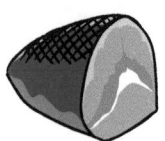

jambon

խոզապուխտ

salami

սալյամի

saucisse

երշիկ

poulet

հավ

rôti

խորոված

poisson

ձուկ

flocons d'avoine

վարսակի փաթիլներ

muesli

մյուսլի

cornflakes

եգիպտացորենի փաթիլներ

farine

ալյուր

croissant

կրուասան

petits-pains

բուլկի

pain

հաց

pain grillé

տոստ

biscuits

թխվածքաբլիթներ

beurre

կարագ

le fromage blanc

կաթնաշոռ

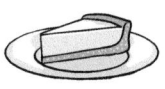

gâteau

տորթ

œuf

ձու

œuf au plat

տապակած ձու

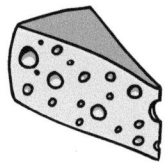

fromage

պանիր

glace

պաղպաղակ

sucre

շաքար

miel

մեղր

confiture

ջեմ

crème nougat

նուգա սերուցք

curry

կարրի

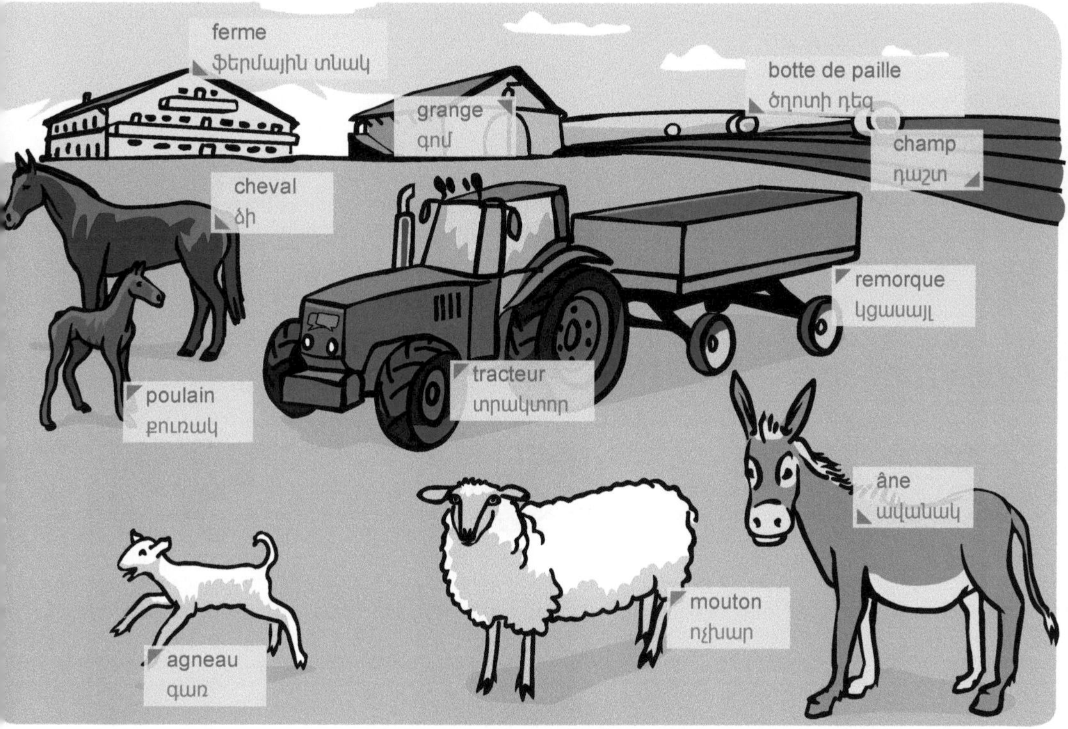

ferme
ֆերմային տնակ
grange
գոմ
botte de paille
ծղոտի դեզ
champ
դաշտ
cheval
ձի
remorque
կցասայլ
tracteur
տրակտոր
poulain
քուռակ
âne
ավանակ
mouton
ոչխար
agneau
գառ

chèvre
այծ

vache
կով

veau
հորթ

porc
խոզ

porcelet
խոճկոր

taureau
ցուլ

ferme - ֆերմա 27

oie

սագ

canard

բաղ

poussin

ճուտ

poule

հավ

coq

աքլոր

rat

առնետ

chat

կատու

souris

մուկ

bœuf

ցուլ

chien

շուն

chenil

շան բուն

tuyau de jardin

այգու փողրակ

arrosoir

watering կարող է

faucheuse

գերանդի

charrue

գութան

faucille

մանգաղ

pioche

թոխր

fourche

եղան

hache

կացին

brouette

միանիվ ձեռնասայլակ

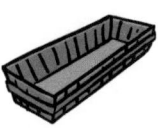

cuve

կերակրատաշտ

pot à lait

կաթի բիդոն

sac

պարկ

clôture

ցանկապատ

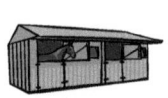

étable

կայուն

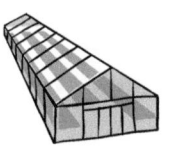

serre

ջերմոց

sol

հող

semences

սերմ

engrais

պարարտանյութ

moissonneuse-batteuse

բերքահավաք կոմբայն

récolter

բերք

récolte

բերք

igname

յամս

blé

ցորեն

soja

սոյա

pomme de terre

կարտոֆիլ

maïs

եգիպտացորեն

colza

rapeseed

arbre fruitier

մրգային ծառ

manioc

manioc

céréales

շիլաներ

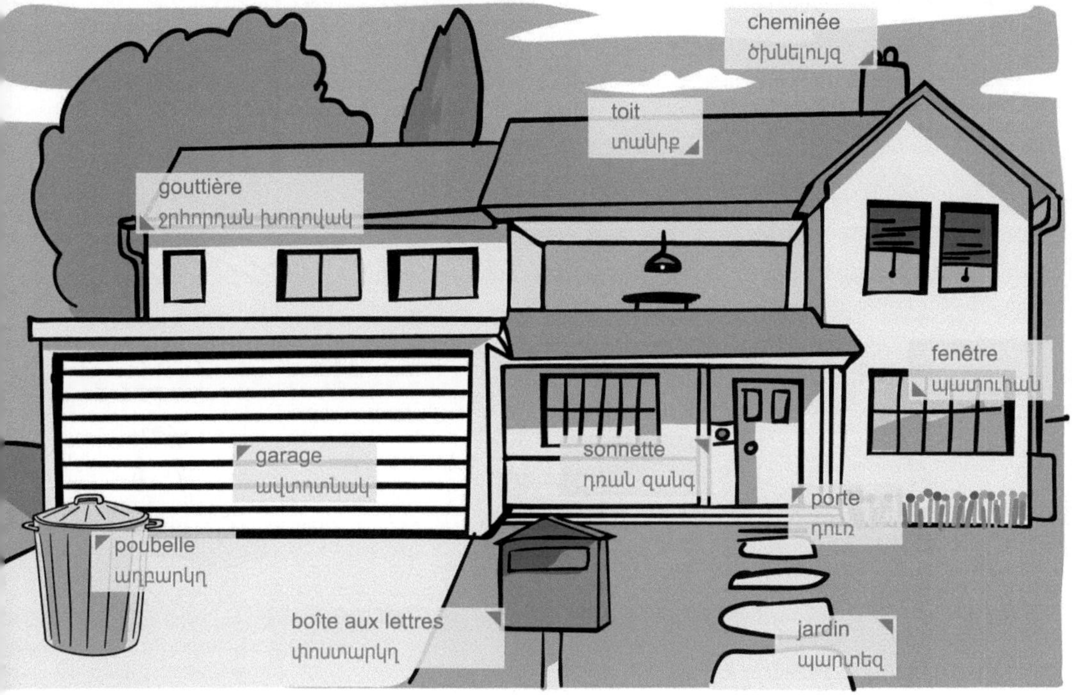

cheminée
ծխնելույզ
toit
տանիք
gouttière
ջրհորդան խողովակ
fenêtre
պատուհան
garage
ավտոտնակ
sonnette
դռան զանգ
porte
դուռ
poubelle
աղբարկղ
boîte aux lettres
փոստարկղ
jardin
պարտեզ

salon
....
հյուրասենյակ

salle de bain
....
լոգասենյակ

cuisine
....
խոհանոց

chambre à coucher
....
ննջարան

chambre d'enfant
....
մանկական սենյակ

salle à manger
....
ճաշասենյակ

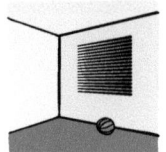

sol

հարկ

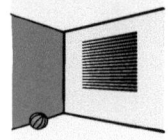

mur

պատ

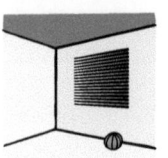

plafond

առաստաղ

cave

նկուղ

sauna

շոգեբաղնիք

balcon

պատշգամբ

terrasse

պատշգամբ

piscine

ավազան

tondeuse à gazon

խոտհնձիչ

housse

թերթ

couette

անկողնու ծածկոց

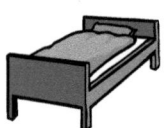

lit

մահճակալ

balai

ավել

sceau

դույլ

interrupteur

անջատիչ

salon

հյուրասենյակ

papier peint
պաստառ
image
նկար
lampe
լամպ
étagère
դարակ
armoire
բուֆետ
télé
հեռուստացույց
cheminée
բուխարի
fleur
ծաղիկ
coussin
բարձ
sofa
բազմոց
vase
սկահակ
télécommande
հեռակառավարման
վահանակ

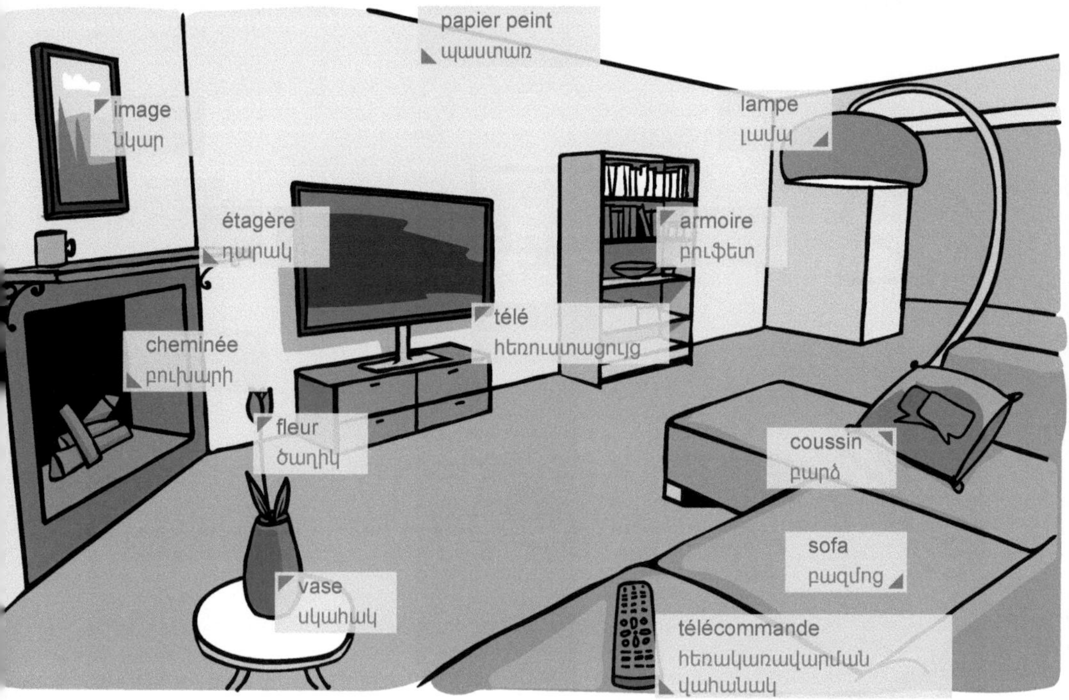

tapis

գորգ

rideau

վարագույր

table

սեղան

chaise

աթոռ

chaise à bascule

ճոճվող բազկաթոռ

fauteuil

բազկաթոռ

livre

գիրք

couverture

վերմակ

décoration

զարդարանք

bois de chauffage

վառելափայտ

film

ֆիլմ

chaîne hi-fi

hi-fi

clé

բանալի

journal

թերթ

peinture

նկար

poster

պլակատ

radio

ռադիո

bloc-notes

տետր

aspirateur

փոշեկուլ

cactus

կակտուս

bougie

մոմ

cuisine
խոհանոց

réfrigérateur
սառնարանի
four à micro-ondes
միկրոալիքային վառարան
balance de cuisine
խոհանոցի կշեռք
grille-pain
տոստեր
détergent
լվացող հեղուկ
four
վառարան
compartiment congélateur
սառնարան
poubelle
աղբարկղ
lave-vaisselle
աման լվացող սարք

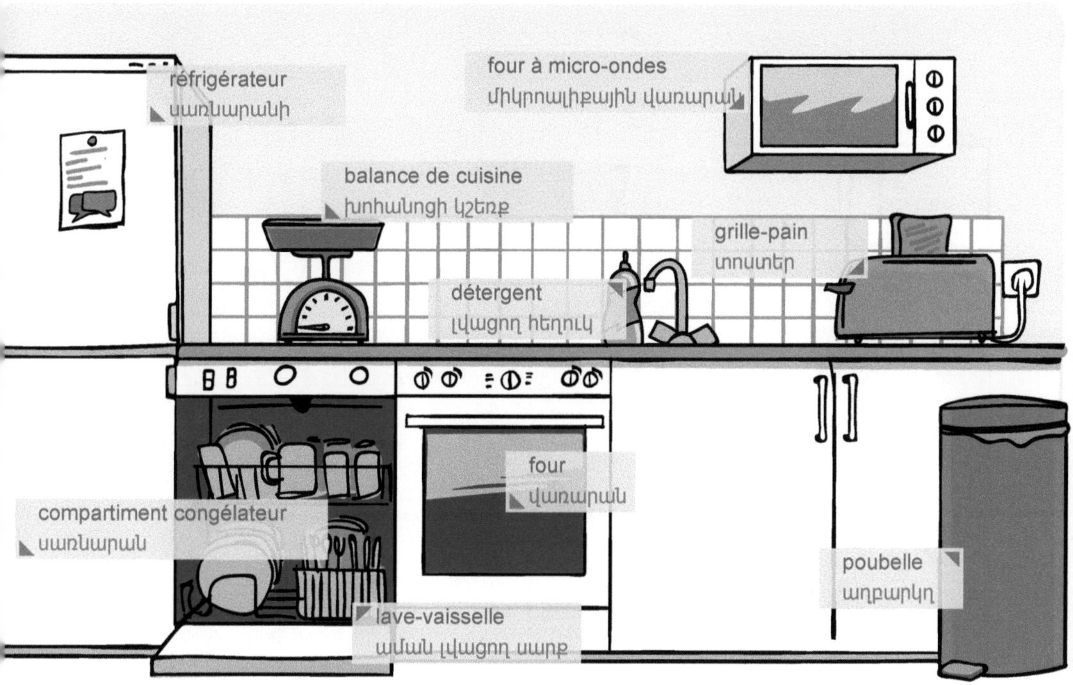

four

կաթսա

casserole

կճուճ

marmite

թուջե աման

wok / kadai

wok / kadai

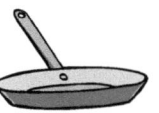

poêle

թավա

bouilloire electrique

թեյնիկ

cuiseur vapeur

շոգենավ

plaque de cuisson

ջեռոցի սկուտեղ

vaisselle

ամանեղեն

gobelet

բաժակ

coupe

խորը աման

baguettes

փայտիկներ

louche

շերեփ

spatule

խոհանոցային բահիկ

fouet

հարել

passoire

քամիչ

tamis

մաղ

râpe

քերիչ

mortier

հավանգ

barbecue

խորոված

cheminée

բաց կրակի

planche à découper

տախտակ

rouleau à pâtisserie

գրտնակ

tire-bouchon

խցանահան

boîte

բանկա

ouvre-boîte

բացիչ

maniques

խոհանոցային բռնիչ

lavabo

լվացարան

brosse

խոզանակ

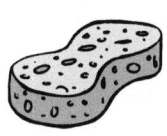

éponge

սպունգ

mixeur

բլենդեր

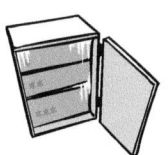

congélateur

սառնարան

biberon

մանկական շիշ

robinet

թակել

salle de bain

լողասենյակ

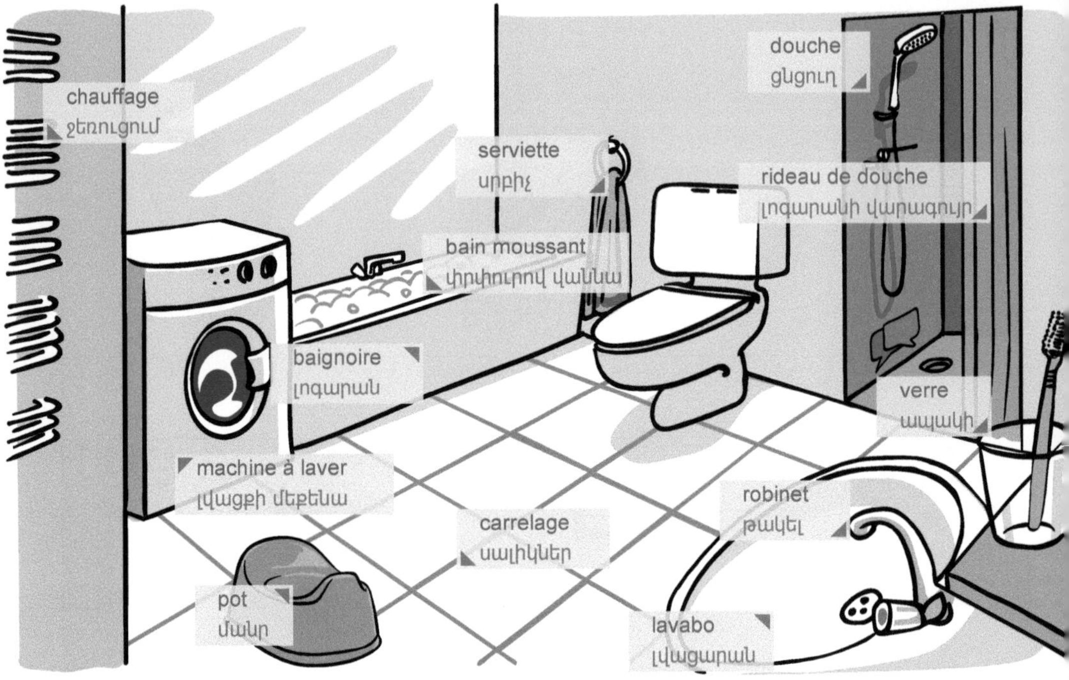

chauffage
ջեռուցում
serviette
սրբիչ
douche
ցնցուղ
rideau de douche
լոգարանի վարագույր
bain moussant
փրփուրով վաննա
baignoire
լոգարան
verre
ապակի
machine à laver
լվացքի մեքենա
robinet
թակել
carrelage
սալիկներ
pot
մանր
lavabo
լվացարան

toilettes

զուգարան

toilette à la turque

կզելը զուգարան

bidet

բիդե

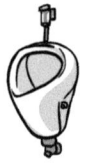

urinoir

pissoir

papier toilette

զուգարանի թուղթ

brosse à toilette

զուգարանի խոզանակ

brosse à dents

ատամի խոզանակ

dentifrice

ատամի քսուք

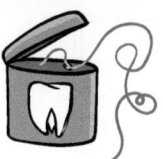

fil dentaire

ատամի թել

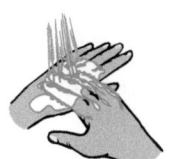

laver

լվանալ

douche manuelle

ձեռքի ցնցուղ

douche intime

ցնցուղ

vasque

ավազան

brosse dorsale

մեջքի խոզանակ

savon

օճառ

gel douche

լոգանքի գել

shampooing

շամպուն

gant de toilette

ճիլոպ

écoulement

հատականցք

crème

կրեմ

déodorant

դեզոդորանտ

miroir

հայելի

miroir cosmétique

ձեռքի հայելի

rasoir

սափրիչ

mousse à raser

Սափրվելու փրփուր

après-rasage

սափրվելուց հետո քսվող լոսյոն

peigne

սանր

brosse

խոզանակ

sèche-cheveux

մազերի չորացուցիչ

laque pour cheveux

մազի լաք

fond de teint

դիմահարդարում

rouge à lèvres

շրթնաներկ

vernis à ongles

եղունգների լաք

ouate

բամբակ

coupe-ongles

եղունգների մկրատ

parfum

օծանելիք

trousse de toilette

դիմահարդարման պայուսակ

tabouret

աթոռակ

pèse-personne

կշեռք

peignoir

լողանալու խալաթ

gants de nettoyage

ռետինե ձեռնոցներ

tampon

տամպոն

serviettes hygiéniques

սանիտարական սրբիչ

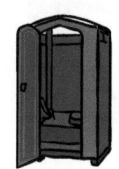

toilette chimique

քիմիական զուգարան

chambre d'enfant

մանկական սենյակ

réveil
զարթուցիչ ժամացույց
doudou
փափուկ խաղալիք
voiture jouet
խաղալիք մեքենա
hochet
բլբլալ
maison de poupée
տիկնիկների տնակ
cadeau

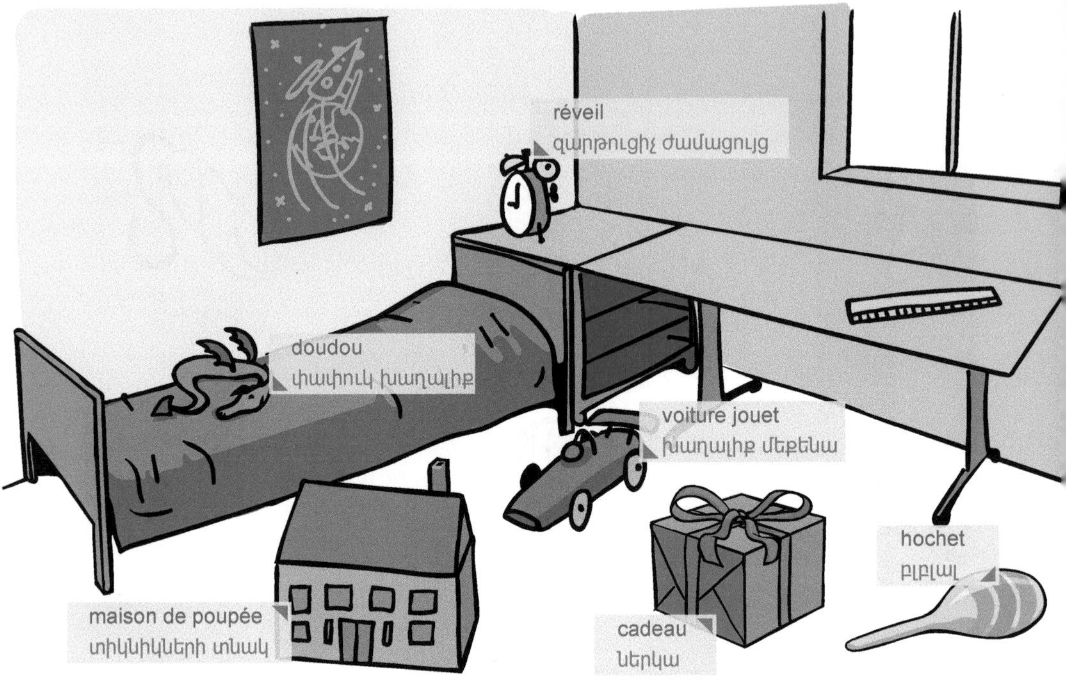

ballon

փուչիկ

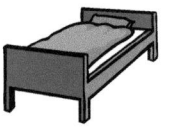

lit

մահճակալ

poussette

մանկական սայլակ

jeu de cartes

խաղաթղթեր

puzzle

խճապատկեր

bande dessinée

կոմիքս

pièces lego

Լեգո կուբիկներ

blocs de construction

կառուցողական
խաղալիքներ

figurine

ակցիան գործիչ

grenouillère

Մանկական բոդի

frisbee

Frisbee

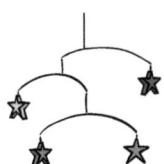

mobile

շարժական

jeu de société

խաղատախտակ

dé

զառախաղ

train miniature

գնացքների կազմ

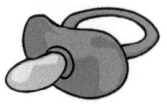

sucette

ծծակ

fête

կուսակցություն

livre d'images

մանկական
պատկերազարդ գիրք

balle

գնդակ

poupée

տիկնիկ

jouer

խաղալ

bac à sable

ավազե խաղահրապարակի

balançoire

ռիթմ

jouets

Խաղալիքներ

console de jeu

վիդեո խաղ մխիթարել

tricycle

եռանիվ հեծանիվ

ours en peluche

խաղալիք արջուկ

armoire

պահարան

vêtements

հագուստ

chaussettes

կիսագուլպա

bas

գուլպա

collant

զուգագուլպա

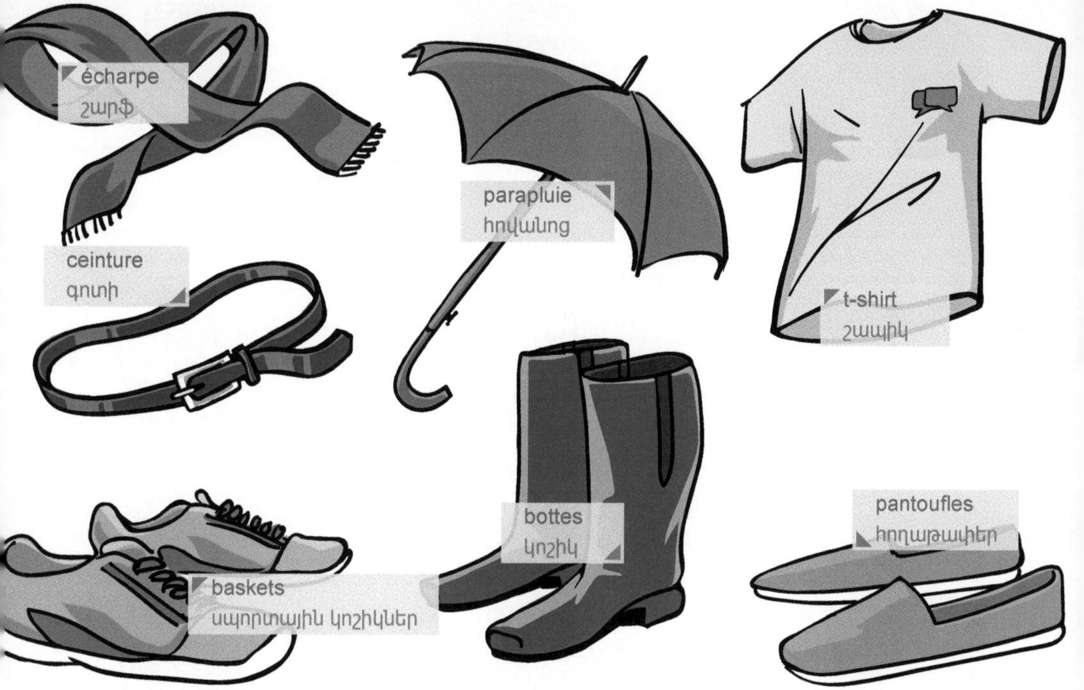

écharpe
շարֆ

ceinture
գոտի

parapluie
հովանոց

t-shirt
շապիկ

baskets
սպորտային կոշիկներ

bottes
կոշիկ

pantoufles
հողաթափեր

sandales

սանդալներ

chaussures

կոշիկ

bottes de caoutchouc

ռետինե կոշիկներ

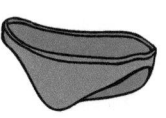

sous-vêtements

վարտիք

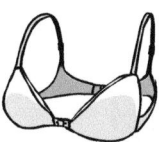

soutien-gorge

կրծկալ

maillot de corps

մայկա

body

մարմին

pantalon

անդրավարտիք

jean

ջինս

jupe

կիսաշրջազգեստ

chemisier

բլուզ

chemise

վերնաշապիկ

pull

պուլովեր

sweat à capuche

սպորտային կուրտկա

veste

պիջակ

veste

կուրտկա

manteau

վերարկու

imperméable

անձրևանոց

costume

կանացի կոստյում

robe

զգեստ

robe de mariée

հարսանյաց զգեստ

costume

տղամարդու կոստյում

chemise de nuit

գիշերանոց

pyjama

պիժամա

sari

Սարի

foulard

գլխաշորն

turban

չալմա

burqa

չադրա

caftan

արևելյան խալաթ

abaya

հաստ վերարկու

maillot de bain

կանացի լողազգեստ

maillot de bain

տղամարդու լողազգեստ

short

շորտ

tenue d'entraînement

սպորտային համազգեստ

tablier

գոգնոց

gants

ձեռնոցներ

bouton

կոճակ

lunettes

ակնոց

bracelet

ապարանջան

collier

վզնոց

bague

մատանի

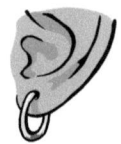

boucle d'oreille

ականջօղ

bonnet

գլխարկ

cintre

կախիչ

chapeau

գլխարկ

cravate

փողկապ

fermeture éclair

շղթա

casque

սաղավարտ

bretelles

տաբատակալ

uniforme scolaire

դպրոցական համազգեստ

uniforme

համազգեստ

bavoir

մանկական գոգնոց

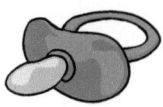

sucette

ծծակ

lange

մանկական տակդիր

bureau
գրասենյակ

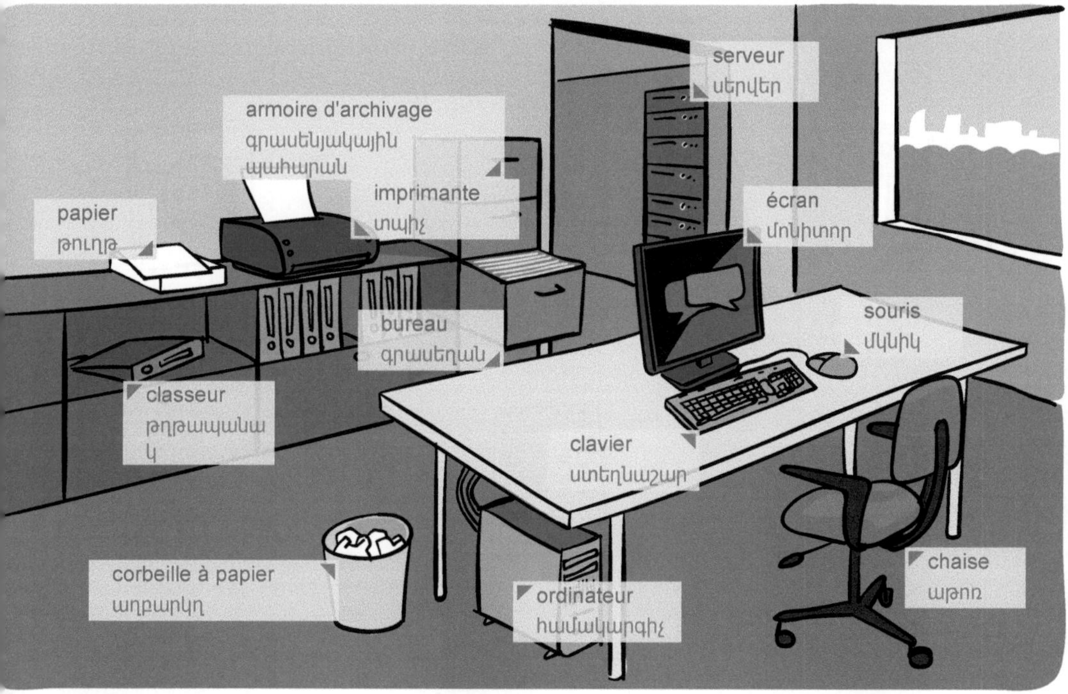

serveur
սերվեր

armoire d'archivage
գրասենյակային
պահարան

imprimante
տպիչ

papier
թուղթ

écran
մոնիտոր

bureau
գրասեղան

souris
մկնիկ

classeur
թղթապանակ

clavier
ստեղնաշար

corbeille à papier
աղբարկղ

ordinateur
համակարգիչ

chaise
աթոռ

tasse de café

սուրճի գավաթ

calculatrice

հաշվիչ

internet

ինտերնետ

ordinateur portable

laptop

lettre

նամակ

message

հաղորդագրություն

portable

բջջային հեռախոս

réseau

ցանց

photocopieuse

պատճենահանման սարք

logiciel

ծրագրային ապահովում

téléphone

հեռախոս

prise

վարդակ

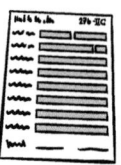

fax

ֆաքսի մեքենա

formulaire

տեսակ

document

փաստաթուղթ

acheter

գնել

payer

վճարել

faire du commerce

առեւտրի

monnaie

փող

dollar

դոլար

euro

եվրո

yen

իեն

rouble

ռուբլի

franc suisse

շվեյցարական ֆրանկ

renminbi yuan

յուան

roupie

ռուպի

distributeur automatique

բանկոմատ

bureau de change

փոխանակման կետ

or

ոսկի

argent

արծաթ

pétrole

նավթ

énergie

էներգիա

prix

գին

contrat

պայմանագիր

taxe

հարկ

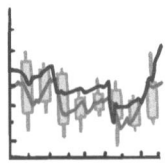

action

ակցիաներ

travailler

աշխատանք

employé

ծառայող

employeur

գործատուն

usine

գործարան

magasin

խանութ

professions
մասնագիտություն

agent de police
ոստիկան
pompier
հրշեջ
cuisinier
խոհարար
médecin
բժիշկ
pilote
օդաչու

jardinier
այգեպան

menuisier
ատաղձագործ

couturière
դերձակուհի

juge
դատավոր

chimiste
քիմիկոս

acteur
դերասան

conducteur de bus

ավտոբուսի վարորդ

chauffeur de taxi

տաքսու վարորդ

pêcheur

ձկնորս

femme de ménage

հավաքարար

couvreur

տանիքագործ

serveur

մատուցող

chasseur

որսորդ

peintre

նկարիչ

boulanger

հացթուխ

électricien

էլեկտրատեխնիկ

ouvrier

շինարար

ingénieur

ինժեներ

boucher

մսագործ

plombier

ջրմուղագործ

facteur

փոստարար

soldat

զինվոր

architecte

ճարտարապետ

caissier

գանձապահ

fleuriste

ծաղկավաճառ

coiffeur

վարսավիր

contrôleur

տոմսավաճառ

mécanicien

մեխանիկ

capitaine

կապիտան

dentiste

ատամնաբույժ

scientifique

գիտնական

rabbin

ռաբբի

imam

Իմամ

moine

կուսակրոն

prêtre

հոգևորական

outils

գործիքներ

marteau
մուրճ
pinces
տափակաբերան աքցան
tournevis
պտուտակահան
clé
դարձակ
torche
լապտեր

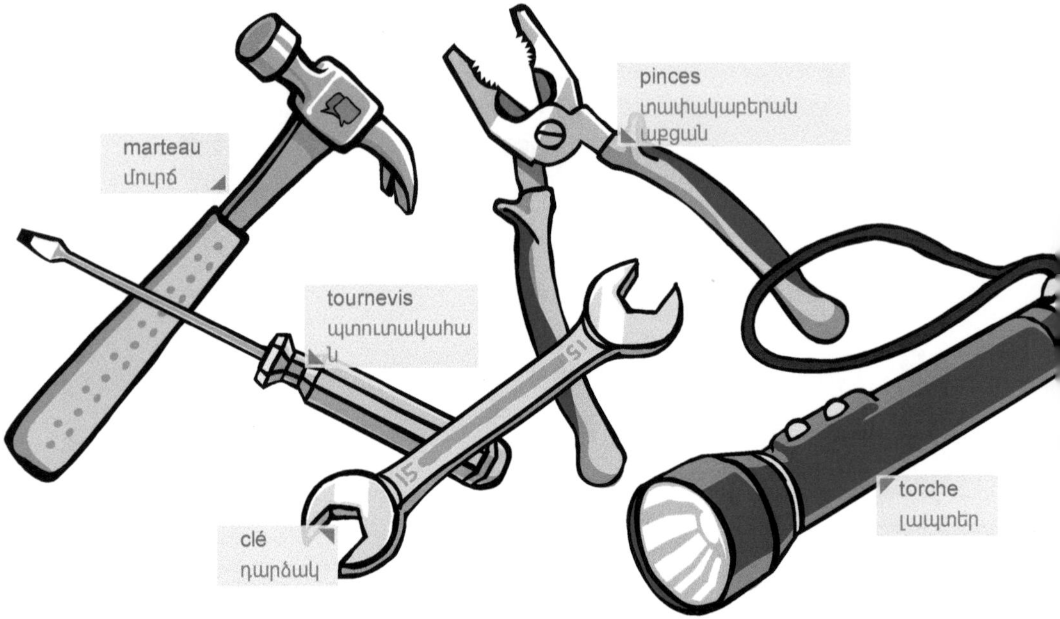

pelleteuse

էքսկավատոր

boîte à outils

գործիքների տուփ

échelle

սանդուղք

scie

սղոց

clous

մեխեր

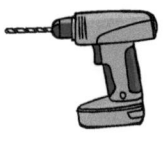

perceuse

գայլիկոն

réparer

նորոգում

pelle

բահ

Mince !

գրողը տանի

pelle

գոգաթիակ

pot de peinture

ներկաման

vis

պտուտակներ

instruments de musique
երաժշտական գործիքներ

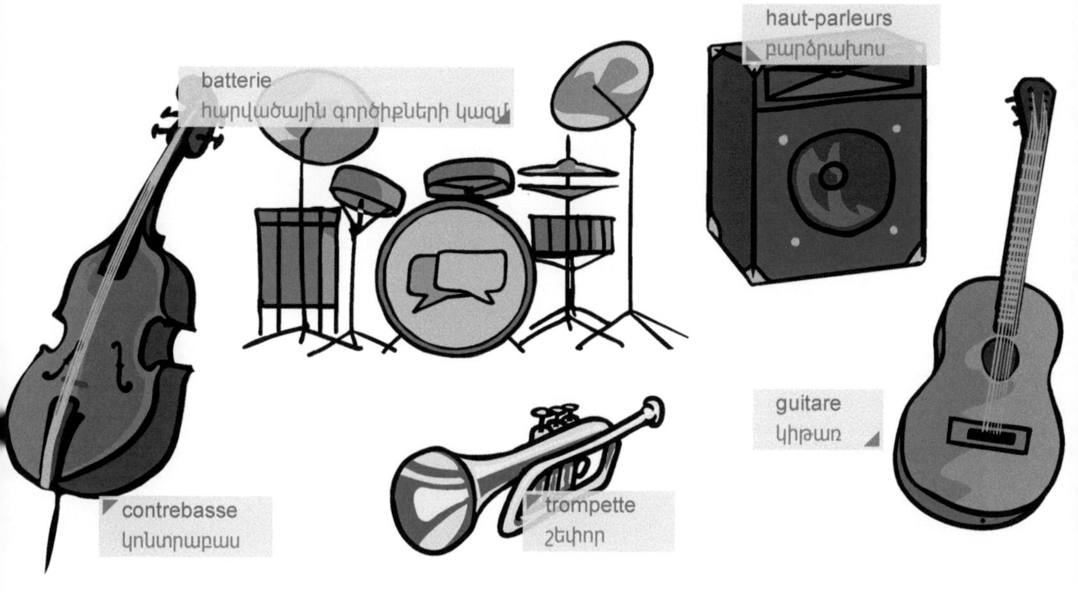

haut-parleurs
բարձրախոս
batterie
հարվածային գործիքների կազմ
guitare
կիթառ
contrebasse
կոնտրաբաս
trompette
շեփոր

piano

դաշնամուր

violon

ջութակ

basse

բաս

timbales

թմբուկներ

tambour

հարվածային գործիքներ

piano électrique

ստեղնաշար

saxophone

սաքսոֆոն

flûte

ֆլեյտա

microphone

միկրոֆոն

tigre
վագր

entrée
մուտք

cage
վանդակ

zèbre
զեբր

alimentation animale
կենդանիների կերակուր

panda
պանդա

animaux

կենդանիներ

éléphant

փիղ

kangourou

կենգուրու

rhinocéros

ռնգեղջյուր

gorille

գորիլա

ours

գորշ արջ

chameau

ուղտ

autruche

ջայլամ

lion

առյուծ

singe

կապիկ

flamand rose

Ֆլամինգո

perroquet

թութակ

ours polaire

բևեռային արջ

pingouin

պինգվին

requin

շնաձուկ

paon

սիրամարգ

serpent

օձ

crocodile

կոկորդիլոս

gardien de zoo

կենդանաբանական այգու
աշխատող

phoque

փոկ

jaguar

յագուար

poney

պոնի

léopard

ընձառյուծ

hippopotame

գետաձի

girafe

ընձուղտ

aigle

արծիվ

sanglier

վարազ

poisson

ձուկ

tortue

կրիա

morse

ծովացուլ

renard

աղվես

gazelle

վիթ

sports

սպորտներ

american Football
ամերիկյան ֆուտբոլ
cyclisme
հեծանվավազք
tennis
թենիս
basket-ball
բասկետբոլ
natation
լող
boxe
բռնցքամարտ
hockey sur glace
հոկեյ

football

ֆուտբոլ

badminton

բադմինտոն

athlétisme

աթլետիկա

handball

ձեռքի գնդակ

ski

դահուկային սպորտ

polo

պոլո

rire
ծիծաղել
sauter
ցատկել
embrasser
գրկել
marcher
քայլել
chanter
երգել
rêver
երազել
prier
աղոթել
faire la bise
համբուրել

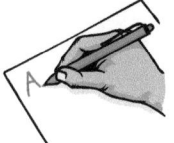

écrire

գրել

dessiner

նկարել

montrer

ցույց տալ

pousser

հրել

donner

տալ

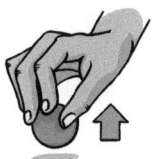

prendre

վերցնել

avoir

ունենալ

faire

դեպի

être

լինել

être debout

կանգնել

courir

վազել

trier

քաշել

jeter

նետել

tomber

ընկնել

être couché

ստել

attendre

սպասել

porter

կրել

être assis

նստել

s'habiller

հագնվել

dormir

քնել

se réveiller

արթնանալ

regarder

նայել

pleurer

լացել

caresser

շոյել

peigner

սանրվել

parler

խոսել

comprendre

հասկանալ

demander

հարցնել

écouter

լսել

boire

խմել

manger

ուտել

ranger

հարդարվել

aimer

սիրել

cuire

խոհարար

conduire

քշել

voler

թռչել

faire de la voile

լողալ

calculer

հաշվել

lire

կարդալ

apprendre

սովորել

travailler

աշխատանք

se marier

ամուսնանալ

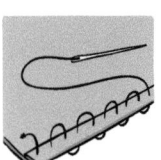

coudre

կարել

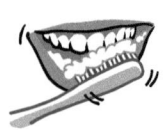

brosser les dents

ատամները լվանալ

tuer

սպանել

fumer

ծուխ

envoyer

ուղարկել

grand-mère
տատիկ

grand-père
պապիկ

père
հայր

bébé
երեխա

mère
մայր

fille
դուստր

fils
որդի

hôte

հյուր

tante

հորաքույր

oncle

հորեղբայր

frère

եղբայր

sœur

քույր

corps

մարմին

front
ճակատ
œil
աչք
épaule
ուս
doigt
մատ
visage
դեմք
menton
կզակ
main
ձեռք
jambe
ոտք
poitrine
կուրծք
bras
թև

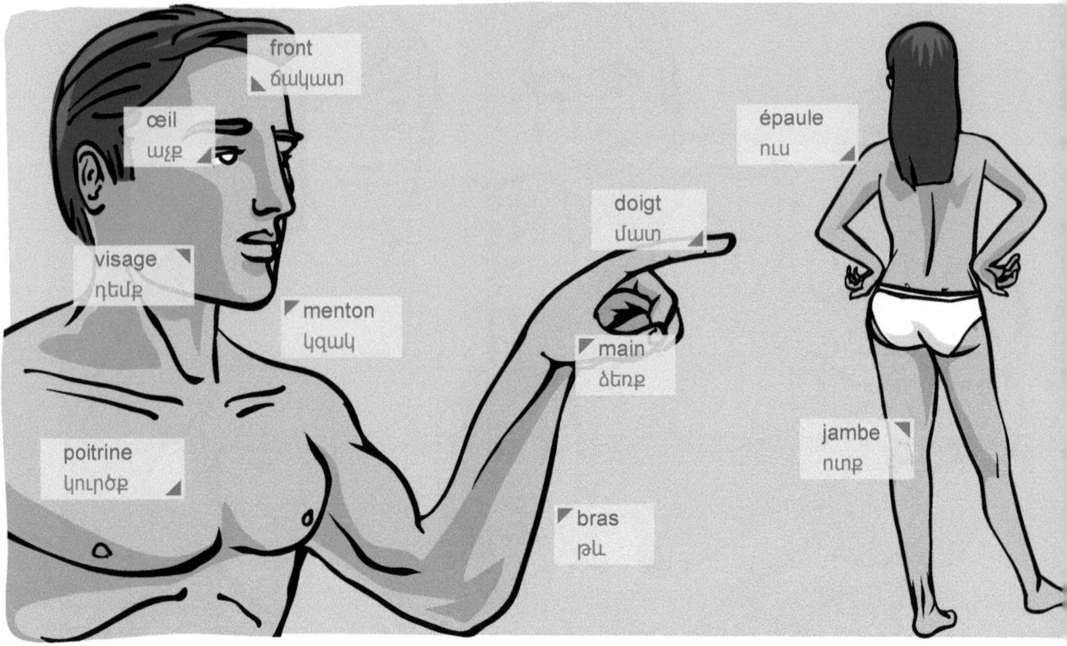

bébé

երեխա

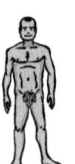

homme

մարդ

femme

կին

fille

աղջիկ

garçon

տղա

tête

գլուխ

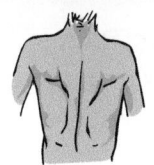

dos

մեջք

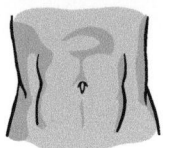

ventre

փոր

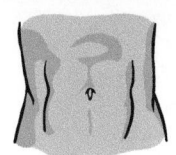

nombril

պորտ

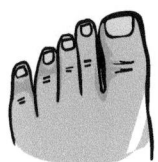

orteil

ոտնամատ

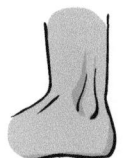

talon

կրունկ

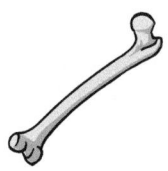

os

ոսկոր

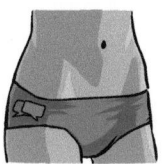

hanche

ազդր

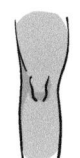

genou

ծունկ

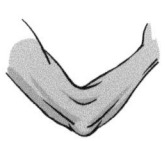

coude

արմունկ

nez

քիթ

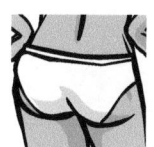

fesses

հետույք

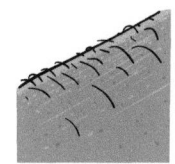

peau

մաշկ

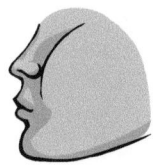

joue

այտ

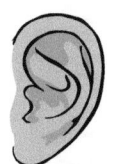

oreille

ականջ

lèvre

շրթունք

bouche

բերան

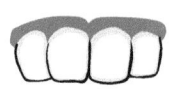

dent

ատամ

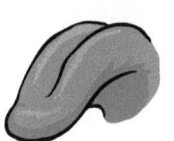

langue

լեզու

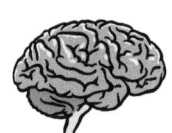

cerveau

ուղեղ

cœur

սիրտ

muscle

մկան

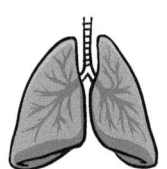

poumons

թոք

foie

լյարդ

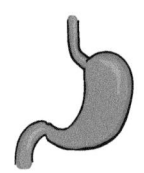

estomac

ստամոքս

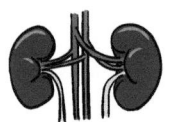

reins

երիկամներ

rapport sexuel

սեքս

préservatif

պահպանակներ

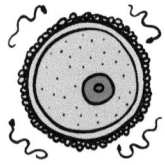

ovule

ձվաբջիջը

sperme

Սեմյոն

grossesse

հղիություն

corps - մարմին

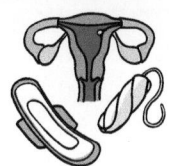

menstruation

դաշտան

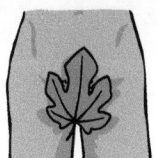

vagin

հեշտոց

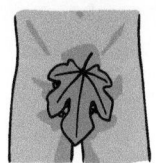

pénis

առնանդամ

sourcil

հոնք

cheveux

մազ

cou

պարանոց

hôpital
հիվանդանոց

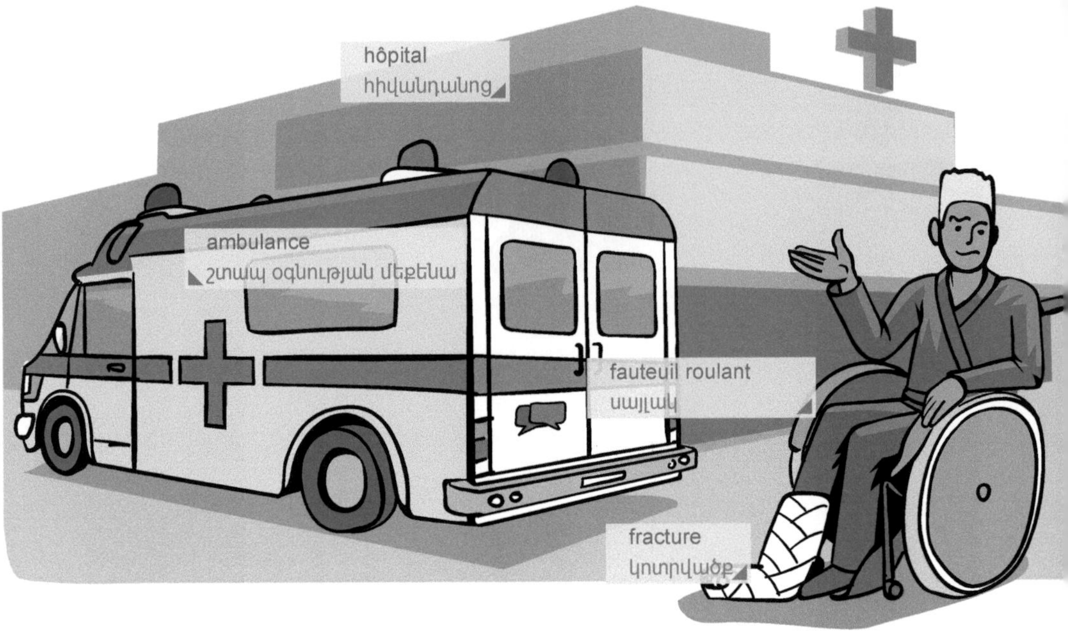

hôpital
հիվանդանոց
ambulance
շտապ օգնության մեքենա
fauteuil roulant
սայլակ
fracture
կոտրվածք

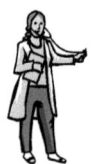

médecin

բժիշկ

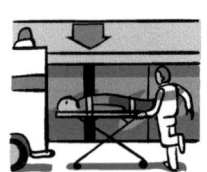

service des urgences

շտապ օգնության սենյակ

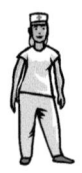

infirmière

բուժքույր

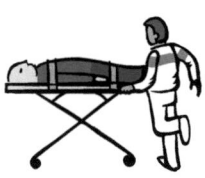

urgence

շտապ օգնություն

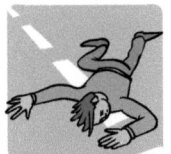

inconscient

անգիտակից

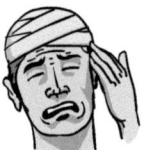

douleur

ցավ

blessure

վնասվածք

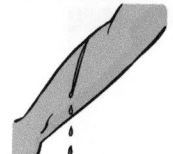

hémorragie

արյունահոսություն

crise cardiaque

սրտի կաթված

attaque cérébrale

կաթված

allergie

ալերգիա

toux

հազ

fièvre

տենդ

grippe

գրիպ

diarrhée

փորլուծություն

mal de tête

գլխացավ

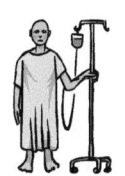

cancer

քաղցկեղ

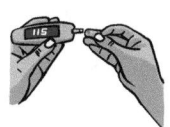

diabète

դիաբետ

chirurgien

վիրաբույժ

scalpel

վիրադանակ

opération

վիրահատություն

CT

CT

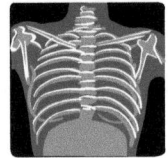

radiographie

ռենտգեն

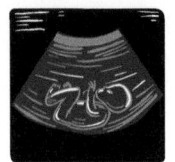

échographie

ուլտրաձայնային

masque

դեմքի դիմակ

maladie

հիվանդություն

salle d'attente

սպասասրահ

béquille

հենակ

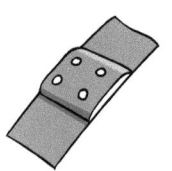

pansement

սպեղանի

pansement

վիրակապ

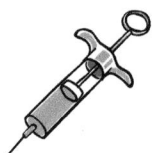

injection

ներարկում

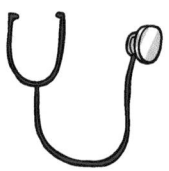

stéthoscope

լսափողակ

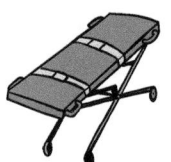

brancard

պատգարակ

thermomètre

ջերմաչափ

accouchement

ծնունդ

surcharge pondérale

ավելաքաշ

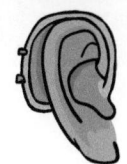

appareil auditif

լսելով օգնության

désinfectant

ախտահանիչ

infection

վարակ

virus

վիրուս

VIH / sida

ՄԻԱՎ / ՁԻԱՀ

médicament

դեղորայք

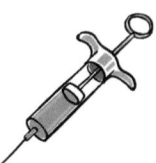

vaccination

պատվաստում

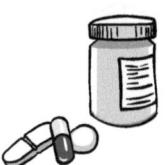

comprimés

հաբեր

pilule

հաբ

appel d'urgence

ահազանգ

tensiomètre

արյան ճնշման չափիչ սարք

malade / sain

հիվանդ / առողջ

urgence

Շտապ օգնություն

Au secours !

Օգնություն!

alarme

տագնապի ազդանշան

assaut

հարձակում

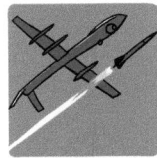

attaque

հարձակում

danger

վտանգ

sortie de secours

վթարային ելք

Au feu!

Հրդեհ

extincteur

կրակմարիչ

accident

վթար

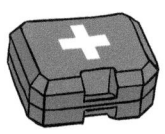

trousse de premier secours

առաջին օգնության դեղարկղ

SOS

SOS

police

ոստիկանություն

Europe

Եվրոպա

Amérique du Nord

Հյուսիսային Ամերիկա

Amérique du Sud

Հարավային Ամերիկա

Afrique

Աֆրիկա

Asie

Ասիա

Australie

Ավստրալիա

Océan atlantique

Ատլանտյան օվկիանոս

Océan pacifique

Խաղաղ օվկիանոս

Océan indien

Հնդկական օվկիանոս

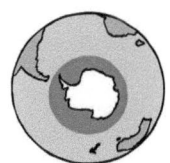

Océan antarctique

Հարավային Սառուցյալ
օվկիանոս

Océan arctique

Հյուսիսային Սառուցյալ
օվկիանոս

pôle nord

հյուսիսային բևեռ

pôle sud

հարավային բևեռ

Antarctique

Անտարկտիդա

terre

երկիր

pays

ցամաք

mer

ծով

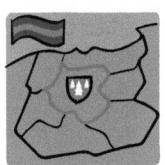

île

կղզի

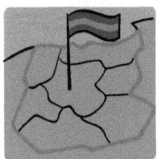

nation

ազգ

état

պետական

...heure(s)
ժամացույց

cadran

թվատախտակ

aiguille des heures

ժամի սլաք

aiguille des minutes

րոպեի սլաք

aiguille des secondes

վայրկյանի սլաք

Quelle heure est-il ?

Ժամը քանիսն է?

jour

օր

temps

այսպիսով

maintenant

այժմ

montre digitale

թվային ժամացույց

minute

րոպե

heure

ժամ

semaine

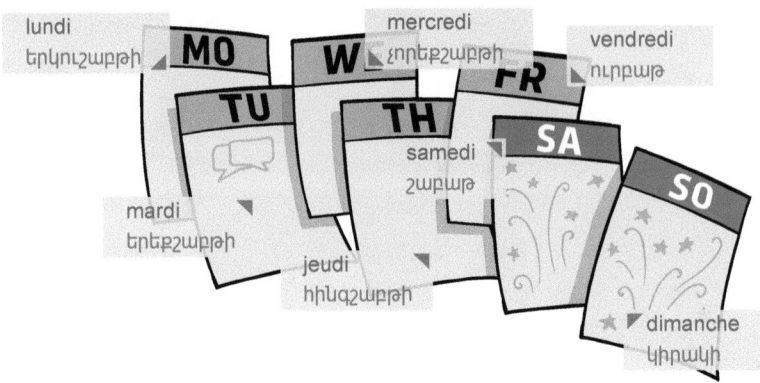

lundi
երկուշաբթի

MO

mercredi
չորեքշաբթի

W

vendredi
ուրբաթ

FR

TU

TH

SA

SO

mardi
երեքշաբթի

samedi
շաբաթ

jeudi
հինգշաբթի

dimanche
կիրակի

hier
....
այսօր

aujourd'hui
....
այսօր

demain
....
վաղը

matin
....
առավոտ

midi
....
կեսօր

soir
....
երեկո

MO	TU	WE	TH	FR	SA	SU
1	2	3	4	5	6	7
8	9	10	11	12	13	14
15	16	17	18	19	20	21
22	23	24	25	26	27	28
29	30	31	1	2	3	4

MO	TU	WE	TH	FR	SA	SU
1	2	3	4	5	6	7
8	9	10	11	12	13	14
15	16	17	18	19	20	21
22	23	24	25	26	27	28
29	30	31	1	2	3	4

jours ouvrables
....
աշխատանքային օրեր

week-end
....
շաբաթվա վերջ

année

տարի

pluie
անձրև
arc-en-ciel
ծիածան
vent
քամի
neige
ձյուն
printemps
գարուն
été
ամառ
automne
աշուն
hiver
ձմեռ

4.APRIL 11°
5.APRIL 4°
6.APRIL 13°
7.APRIL 8°
8.APRIL 10°

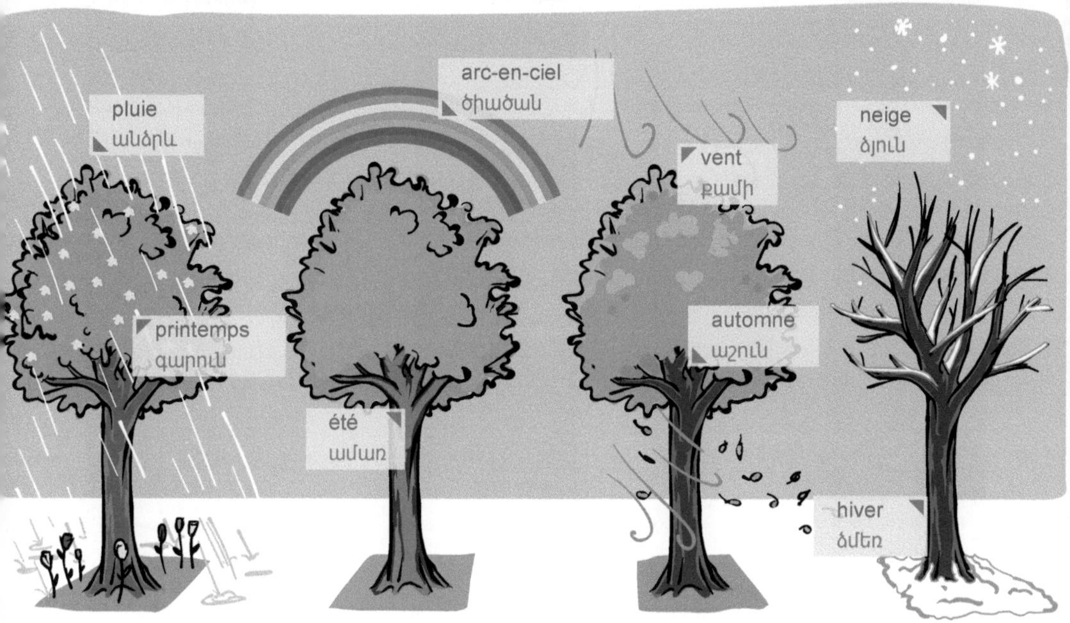

météo

եղանակի տեսություն

F
C
120
90
60
30
0
-30
40
30
20
10
0
-10
-20

thermomètre

ջերմաչափ

lumière du soleil

արևի լույս

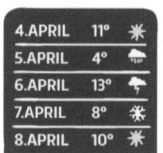

nuage

ամպ

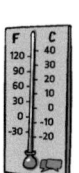

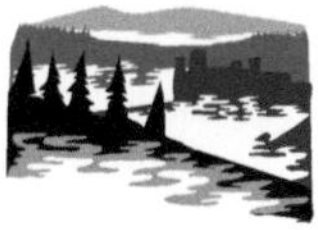

brouillard

մառախուղ

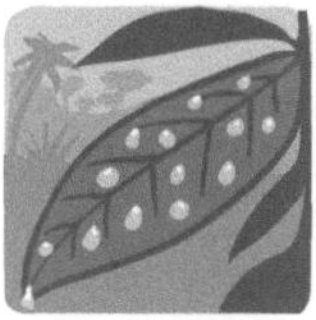

humidité

խոնավություն

foudre

կայծակ

tonnerre

որոտ

tempête

փոթորիկ

grêle

կարկուտ

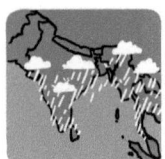

mousson

մուսոն

inondation

ջրհեղեղ

glace

սառույց

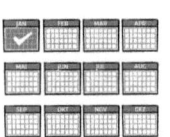

janvier

հունվար

février

փետրվար

mars

մարտ

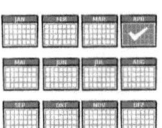

avril

ապրիլ

mai

մայիս

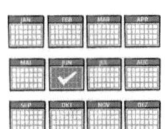

juin

հունիս

juillet

հուլիս

août

օգոստոս

année - տարի

septembre

սեպտեմբեր

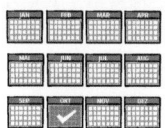

octobre

հոկտեմբեր

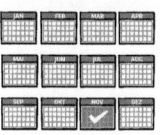

novembre

նոյեմբեր

décembre

դեկտեմբեր

formes

ձեւավորում

cercle

շրջան

carré

քառակուսի

rectangle

ուղղանկյունի

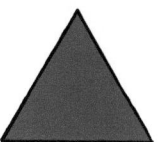

triangle

եռանկյունի

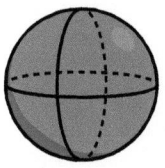

sphère

ասպարեզ

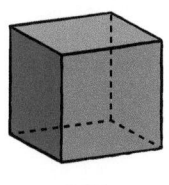

cube

խորանարդ

couleurs

գույներ

blanc

վարդագույն

jaune

մոխրագույն

orange

դեղին

rose

մանուշակագույն

rouge

կարմիր

violet

շագանակագույն

bleu

կապույտ

vert

սև

marron

նարնջագույն

gris

սպիտակ

noir

կանաչ

beaucoup / peu

շատ / քիչ

fâché / calme

բարկացած / հանգիստ

joli / laid

գեղեցիկ / տգեղ

début / fin

սկսած / վերջը

grand / petit

մեծ / փոքր

clair / obscure

պայծառ / մութ

frère / soeur

եղբայրը / քույրը

propre / sale

մաքուր / կեղտոտ

complet / incomplet

ամբողջական / թերի

jour / nuit

օր / գիշեր

mort / vivant

մեռած / կենդանի

large / étroit

լայն / նեղ

comestible / incomestible

ուտելի / անուտելի

méchant / gentil

չար / բարի

excité / ennuyé

հուզված / ձանձրացրել

gros / mince

հաստ / բարակ

premier / dernier

առաջին / վերջին

ami / ennemi

ընկերը / թշնամին

plein / vide

լիքը / դատարկ

dur / souple

կոշտ / փափուկ

lourd / léger

ծանր / թեթև

faim / soif

քաղց / ծարավ

malade / sain

հիվանդ / առողջ

illégal / légal

անօրինական է /
իրավաբանական

intelligent / stupide

Խելացի / հիմարություն

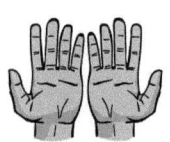

gauche / droite

ձախ / աջ

proche / loin

մոտիկ / հեռու

nouveau / usé

Նոր / օգտագործվում

rien / quelque chose

ոչինչ / ինչ - որ բան

vieux / jeune

ծեր / երիտասարդ

marche / arrêt

միացում անջատում

ouvert / fermé

բաց / փակ

faible / fort

ցածր / բարձր

riche / pauvre

հարուստ / աղքատ

correct / incorrect

ճիշտ / սխալ

rugueux / lisse

անհարթ / հարթ

triste / heureux

տխուր / ուրախ

court / long

կարճ / երկար

lent / rapide

դանդաղ / արագ

mouillé / sec

թաց / չոր

chaud / froid

տաք / թույն

guerre / paix

պատերազմ /
խաղաղությունը

nombres

թվեր

0

zéro

զրո

1

un / une

մեկ

2

deux

երկու

3

trois

երեք

4

quatre

չորս

5

cinq

հինգ

6

six

վեց

7

sept

յոթ

8

huit

ութ

9

neuf

ինը

10

dix

տաս

11

onze

տասնմեկ

12
douze

տասներկու

13
treize

տասներեք

14
quatorze

տասնչորս

15
quinze

տասնհինգ

16
seize

տասնվեց

17
dix-sept

տասնյոթ

18
dix-huit

տասնութ

19
dix-neuf

տասնինը

20
vingt

քսան

100
cent

հարյուր

1.000
mille

հազար

1.000.000
million

միլիոն

langues
լեզուներ

anglais

անգլերեն

anglais américain

ամերիկյան անգլերեն

chinois mandarin

չինարեն մանդարին

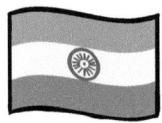

hindi

հինդի

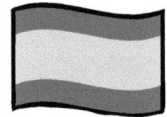

espagnol

իսպաներեն

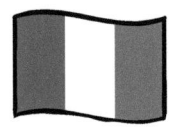

français

ֆրանսերեն

arabe

արաբերեն

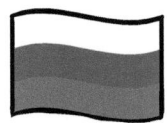

russe

ռուսերեն

portugais

պորտուգալերեն

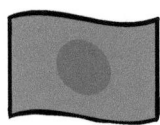

bengali

բենգալերեն

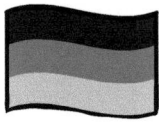

allemand

գերմաներեն

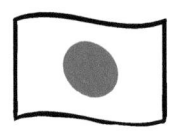

japonais

ճապոներեն

qui / quoi / comment

Ով է /, թե ինչ է /, ինչպես

je

ես

tu

դուք

il / elle / ce, c', cela

Նա / նա /, որ դա

nous

մենք

vous

դուք

ils / elles

նրանք

Qui ?

Ով է?

Quoi ?

ինչ?

Comment ?

ինչպես?

Où ?

որտեղ.

Quand ?

երբ?

nom

անուն

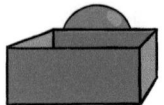

où

որտեղ

derrière

ետևում

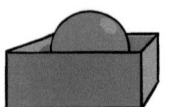

dans

մեջ

devant

դիմաց

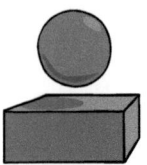

au-dessus

վրա

sur

վրա

en-dessous

տակ

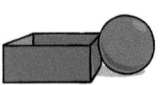

à côté de

կողքին

entre

միջեւ

lieu

տեղ